LE PEINTRE G. F. DOYEN

ET

L'ORIGINE DU MUSÉE DES MONUMENTS FRANÇAIS

PAR

HENRI STEIN

CORRESPONDANT DU COMITÉ DES SOCIÉTÉS DES BEAUX-ARTS

PARIS

TYPOGRAPHIE DE E. PLON, NOURRIT ET Cie

RUE GARANCIÈRE, 8

—

1888

LE PEINTRE G. F. DOYEN

ET

L'ORIGINE DU MUSÉE DES MONUMENTS FRANÇAIS

Ce Mémoire a été lu à la réunion des Sociétés des beaux-arts des départements, à l'École des beaux-arts, dans la séance du 24 *mai* 1888.

LE

PEINTRE G. F. DOYEN

ET

L'ORIGINE DU MUSÉE DES MONUMENTS FRANÇAIS

PAR

HENRI STEIN

CORRESPONDANT DU COMITÉ DES SOCIÉTÉS DES BEAUX-ARTS

PARIS

TYPOGRAPHIE DE E. PLON, NOURRIT ET Cie

RUE GARANCIÈRE, 8

—

1888

LE PEINTRE G. F. DOYEN

ET

L'ORIGINE DU MUSÉE DES MONUMENTS FRANÇAIS

La vie de Gabriel-François Doyen n'est point à écrire, et bien que l'essai de Lecarpentier[1] n'ait aucune valeur, la biographie de ce peintre manquerait d'éléments nouveaux pour offrir de l'intérêt. Tous ceux qui ont parlé de Doyen se sont répétés, et, n'était l'article de M. Th. Lhuillier[2], on ne saurait rien de plus sur son compte aujourd'hui qu'au commencement du siècle.

Le départ de Doyen pour la Russie[3], à la fin de l'année 1791, le fit considérer comme émigré par les autorités révolutionnaires; et pour cette raison ses biens furent saisis nationalement[4]. Ses papiers, devenus propriété de l'État, font partie actuellement du fonds des *Papiers des émigrés* aux Archives nationales[5]. Ils fournissent quelques renseignements assez intéressants sur la vie, les travaux et les relations de Doyen, tant sous Louis XV et Louis XVI qu'au début de la période révolutionnaire, et c'est là l'unique source des lettres, brevets, certificats, programmes et autres documents qui ont servi à rédiger ce modeste essai.

1 *Notice sur François Doyen*, par C. Lecarpentier. Rouen, 1809, in-8°.

2 *Le peintre Doyen déclaré émigré en* 1793. (*Chronique des Arts et de la Curiosité*, n° du 10 septembre 1872 et suiv.) Cet article a été publié de nouveau en brochure (Melun, 1878, in-8°).

3 Le congé accordé à Doyen pour partir à Saint-Pétersbourg est du 7 octobre 1791; il a été publié dans les *Nouvelles Archives de l'art français*, 1878, p. 67.

4 Dans l'article cité, M. Lhuillier a montré (*Chronique des Arts*, 1872, p. 359) comment, absent, Doyen fut déclaré tout d'abord émigré, et comment, en l'an IX, Fouché fit opérer la radiation de son nom sur la liste de ceux qui avaient quitté le sol de la patrie républicaine.

5 Archives nationales, carton T. 714. — Toutes les pièces citées plus loin sans cote précise font partie de ce dossier.

*
* *

Né à Paris le 20 mai 1726, élève de Carle Vanloo, Gabriel-François Doyen mérita d'être envoyé à Rome [1], où il resta de 1748 à 1752. Admis à l'âge de trente-trois ans (août 1759) à l'Académie de peinture et de sculpture [2], il travailla activement à la décoration de plusieurs édifices de Paris. L'église Saint-Roch possède une toile [3] qui lui fut spécialement commandée et qu'il exposa au Salon de 1767; elle est regardée comme l'une de ses meilleures œuvres [4], qui sont d'ailleurs très rares dans les collections publiques de France. Au Salon de 1773, il exposa un tableau [5] peint spécialement pour le maître-autel de la chapelle de l'École militaire, qui orne aujourd'hui la chapelle des fonts baptismaux de l'église Saint-Louis en l'Ile. Son *Triomphe d'Amphitrite*, commandé par Louis XV, appartient aux Musées nationaux et s'offre actuellement aux regards des visiteurs dans le palais de Fontainebleau [6]. Une *Adoration des Mages*, signée de lui, existe dans une petite paroisse de Seine-et-Marne, Mitry-Mory [7]; au Musée de Rouen, on voit le portrait de Crébillon, qui est son œuvre; au Musée d'Avignon [8], une tête d'homme barbue de grandeur colossale; au Musée de Toulon [9], une esquisse lui est attribuée; enfin, les Musées de Nantes [10] et d'Orléans [11] possèdent des *têtes d'étude* qu'on ne peut guère considérer que comme des esquisses. La collection Atger, conservée à l'École de médecine de Montpellier, possède également

[1] On peut voir des extraits de lettres écrites de Rome et le concernant, dans l'*Académie de France à Rome*, par M. Lecoy de la Marche. (Paris, 1872, p. 260 et 265.)

[2] On a conservé son brevet original sur parchemin, signé par Louis de Silvestre, J. Dumont et L. Vassé.

[3] C'est : *Sainte Geneviève apaisant la peste des ardents.*

[4] Diderot en parle avec les plus grands détails dans son Salon de 1767. Ce tableau a été gravé dans l'*Histoire des peintres* de Charles Blanc.

[5] C'est : *La dernière communion de saint Louis.*

[6] Sous le n° 88 dans la galerie de tableaux.

[7] Canton de Claye, arrondissement de Meaux.

[8] Sous le n° 105 du catalogue de 1880.

[9] Sous le n° 23 du catalogue Bronzi, prochainement réimprimé.

[10] Sous le n° 728 du catalogue de 1876.

[11] *Inventaire des richesses d'Art de la France*, Province. *Monuments civils*, t. I (1878), p. 84.

de lui une *Entrée triomphale*[1], dessin à la plume et lavé au bistre, signé et daté de 1770.

J'ai retrouvé, dans les inventaires d'objets d'art faits à l'époque révolutionnaire chez les émigrés, plusieurs mentions intéressantes de tableaux de Doyen. Papillon de la Ferté[2] en possédait trois : le *Mariage de sainte Catherine et de l'Enfant Jésus, environné d'anges*[3], composition de sept figures cintrée du haut, évaluée 300 livres; le *Triomphe de Claudius*[4], esquisse sur toile, estimée 100 livres; et l'*Assomption de la Vierge*[5], composition de neuf figures cintrée du haut, la plus grande des trois. Un autre émigré, Billard dit Bélizard[6], possédait du même peintre la *Terre ravagée par les eaux et les vents*[7], dessin à la sanguine sur papier blanc, estimé 72 livres. D'après l'inventaire de la « ci-devant » Académie de peinture rédigé à la même époque[8], on y remarquait un tableau signé Doyen et représentant *Hébé versant le nectar à Jupiter*[9]. En l'an VII, Le Carpentier a gravé à l'eau-forte une grande pièce in-4° représentant une *Adoration des Mages* d'après Doyen, son maître, et la lui a dédiée[10]. On sait que le prince de Turenne possédait le *Mariage de Diomède et d'Énée*, « composition toute d'effroi qui produisit un grand effet[11] » au Salon de 1761, et que deux tableaux de Doyen, *Andromaque devant Ulysse*[12], exposé en 1763, et la *Mort de Virginie*[13], exposé quatre ans auparavant, trouvèrent leur place à la cour de Parme, où ils doivent être encore.

1 Sous le n° 138 du catalogue de 1830.

2 Arch. nat., F[17] 1268, n° 191.

3 Toile de 27 pouces de haut sur 18 de large (n° 6 de l'inventaire).

4 Toile de 28 pouces de haut sur 42 de large (n° 197 de l'inventaire).

5 Toile de huit pieds de haut sur 5 de large (n° 60 de l'inventaire).

6 Arch. nat., F[17] 1268, n° 228.

7 Dessin de 26 pouces de haut sur 18 de large (n° 33 de l'inventaire).

8 Arch. nat., F[17] 1267, n° 4.

9 N° 98 de l'inventaire.

10 Arch. nat., F[17] 1273. On a vu plus haut le tableau original qui a servi à cette estampe.

11 L'expression est de Diderot.

12 « Grande composition d'un homme qui effraya nos premiers peintres par la hardiesse et le succès de ses tentatives », écrit Diderot.

13 Le même écrivain l'appelle une « composition immense où il y a de très-belles choses »; puis il ajoute : « Cet homme deviendra un grand artiste ou rien, il faut attendre. » Plus tard, à propos du Salon de 1786, on écrira : « Ce peintre n'a pas justifié l'espoir qu'il avoit donné. » (*Notes et documents inédits sur les expositions du XVIIIe siècle*, par M. J. J. Guiffrey, Paris, 1873, p. 86.)

Dès 1765, Doyen fut chargé de travaux à l'église des Invalides, comme l'atteste une lettre à lui adressée par le marquis de Marigny[1] : le fait est d'ailleurs mentionné par Thiéry[2] en ces termes : « Les chapelles, au nombre de six, ont chacune une cou« pole peinte à fresque (!). Celle de la chapelle de saint Grégoire, « la première du côté de l'Évangile, refaite il y a quelques années « par M. Doyen, peintre du Roi, représente différents événements « de la vie de ce Père de l'Église[3]. »

Au titre de « peintre du Roi » qu'il pouvait porter depuis son entrée à l'Académie, Doyen ajouta bientôt celui de « premier « peintre de Monseigneur le comte d'Artois[4] », comme en fait foi un brevet royal du 17 septembre 1773 qui a été également conservé. Un logement aux galeries du Louvre étant devenu vacant par la démission de Dumont le Romain, qui l'occupait[5], Doyen l'obtint par un nouveau brevet du 23 mars 1774[6].

[1] Voici le texte de cette lettre : « A Fontainebleau, le 31 octobre 1765. — « Je suis très-aise, Monsieur, que vous soyés chargé de la coupole des Invalides, « je vous en fais mon compliment et je verray avec plaisir toutes les occasions « qui pourront vous mettre à portée de faire connoître vos talents. Je suis, Mon« sieur, votre très-humble et très-obéissant serviteur. — Le marquis DE MARIGNY. » (Arch. nat.)

[2] *Guide des amateurs et des étrangers dans Paris* (1787), t. II, p. 614.

[3] Voir à l'*Appendice* la description faite par un contemporain des peintures exécutées à la chapelle Saint-Grégoire par Doyen.

[4] On pouvait cumuler les deux fonctions, d'après cette missive de l'abbé Terray : « A Compiègne, ce 3 août 1773. — J'ai reçu la lettre, Monsieur, que vous avés « écrite à M. le marquis de Marigny au sujet de la place de premier peintre de « Mgr le comte d'Artois, à laquelle vous venés d'être nommé. Chargé aujour« d'hui par Sa Majesté de l'administration de ses bâtiments, je ne vois aucune « incompatibilité entre les fonctions de cette nouvelle place et votre qualité de « Peintre du Roi. Ainsi je suis bien éloigné de mettre aucun obstacle à ce que « vous acceptiés une distinction aussi flatteuse. Je suis, Monsieur, entièrement à « vous. — TERRAY. » (Arch. nat.)

[5] Doyen jouissait déjà d'un atelier dans un pavillon voisin, s'il faut en croire les termes de cette autre missive : « A Paris, le 23 mars 1774. — J'ai mis, Mon« sieur, sous les yeux de Sa Majesté, l'embarras dans lequel vous jettoit la néces« sité où vous vous trouviés d'évacuer l'attelier que vous aviés eu la permission « de vous pratiquer dans un des pavillons du Louvre. Sa Majesté a bien voulu « en conséquence agréer l'expédient que je lui ai proposé pour vous en indemni« ser et disposer en votre faveur du logement aux galleries du Louvre dont le « sieur Dumont m'a remis sa démission. C'est avec plaisir que je vous fais part « de cette grâce de Sa Majesté. Je suis, Monsieur, entièrement à vous. — TER« RAY. » (Arch. nat.)

[6] Sa demande était du 23 septembre 1773 (Arch. nat., O[1]. 1204, p. 238.)

La réputation du peintre était faite et les commandes affluaient à son atelier. Il travailla au petit Trianon [1]; l'Ordre du Saint-Esprit le chargea de rendre par le pinceau la cérémonie de cet Ordre au sacre de Louis XVI, et la ville de Reims lui demanda des projets de décoration [2] pour l'entrée solennelle de Sa Majesté dans

[1] Voici deux lettres relatives à cette affaire, mais qui malheureusement ne donnent aucun détail sur le sujet choisi par le peintre : « A Compiègne, le « 21 août 1774. — Je viens, Monsieur, conformément à ce que vous désirés, de « donner des ordres pour retirer du petit Trianon le tableau de *la Pêche*. Je ne « puis trop vous exhorter à ne point perdre de temps à me proposer un sujet et « un dessin qui puisse être du goût de la Reine. Je suis, Monsieur, entièrement « à vous. — Terray. » — « A Versailles, le 23 août 1775. — On m'a témoigné, « Monsieur, de la part de la Reine, le désir qu'elle a de voir sa maison de plai- « sance du nouveau Trianon entièrement décorée des tableaux qui y sont destinés. « Il en est un dont vous aviez été chargé, et qui ne vous ayant pas ensuite satis- « fait, vous a engagé à demander à y en substituer un autre. C'est celui-ci qu'il « seroit d'essentiel que vous finissiez incessamment pour compléter la décoration « de cette maison de plaisance. Je souhaite que vous me marquiez en quel état « il est, et quand vous pourrez le livrer. Je vous recommande au surplus de ne « point perdre de temps à achever cet ouvrage comme intéressant particulière- « ment les plaisirs de la Reine. Je suis, Monsieur, votre très-humble et très- « obéissant serviteur. — D'Angiviller. » (Arch. nat.) Dans son important ouvrage sur le *Petit-Trianon* (Versailles, 1885, in-4°), M. A. Desjardins avance (p. 30) que le peintre Pierre avait reçu en 1768 la commande d'une *Pêche*, et Doyen celle d'une *Vendange*, et que peu de temps après ils échangèrent leurs deux sujets. Ceci ne s'accorde guère avec cette mention tirée d'un registre de l'administration des bâtiments royaux, à la date du 12 décembre 1773 : « M. Pierre « demande si l'on consent qu'il place dans la salle à manger du nouveau Trianon « le tableau représentant *la Vendange*, qu'il avait d'abord commencé et dont il « avait ensuite passé l'exécution à M. Hallé, qui n'a pas été assez heureux pour « voir son tableau agréé. » (Arch. nat., O[1]. 1204, p. 276.) — Quoi qu'il en soit, le tableau de Doyen ne fut jamais mis en place, puisque, après l'avoir terminé, le peintre le retira, « parce qu'il ne le croyait pas digne d'être avoué de lui ». (Arch. nat., O[1]. 1934 B.) L'emplacement destiné aux peintures de Doyen et de Pierre, resté vide, fut occupé plus tard par des toiles envoyées d'Autriche. (Desjardins, *op. cit.*, p. 104.)

[2] C'est ce qui résulte de la lettre suivante : « A Paris, le 4 mars 1775. — Je « suis charmé, Monsieur, d'apprendre que vous avez été chargé par l'Ordre du « Saint-Esprit du tableau qui doit représenter la cérémonie de cet Ordre au sacre « du Roi, et que la ville de Rheims vous a aussi demandé des projets de décora- « tion pour l'arrivée de S. M. J'en verrois volontiers les esquisses si l'état de « mes yeux me le permettoit. Mais les médecins m'ont prescrit de n'en faire ici « à quelque temps que l'usage le plus modéré, et comme je ne pourrois exami- « ner vos projets avec l'attention convenable, ce ne seroit pour moi qu'une « curiosité tout-à-fait infructueuse. Je suis du reste convaincu que ces divers « ouvrages répondront à ce qu'on est en droit d'attendre de vous. Je suis, Mon- « sieur, votre très-humble et très-obéissant serviteur. — D'Angiviller. » (Arch. nat.)

la cité du sacre. Et j'ai acquis la certitude que ces travaux avaient bien été exécutés par ses soins[1].

Grâce à la protection du comte d'Angiviller, Doyen obtint encore une nouvelle commande pour le Roi, et consulta la comtesse, dans une lettre dont on retrouve le brouillon dans ses papiers[2],

[1] En effet, les *Délibérations du Conseil de la ville de Reims*, dont je dois l'aimable communication à mon confrère M. L. Demaison, contiennent les renseignements suivants : « La compagnie a conclu qu'il seroit écrit à M. Doyen « de ne faire aucun marché à Paris pour les décorations à faire pour le sacre, « qu'il seroit prié d'envoyer les dessins qu'il étoit chargé de faire, qu'il luy seroit « mandé que l'exécution en étoit aussy facile à Reims qu'à Paris, que la ville « avoit déjà pris des engagements avec ses ouvriers, que M. le sindic seroit prié « de luy demander les plans et de les envoyer pour les faire exécuter, et qu'en « cas de refus mondit sieur Doyen seroit prié de s'en charger, lorsqu'il viendra « à Reims, pour être examinés avec luy. » (Arch. munic. de Reims, BB. reg. 83, f° 147 r°.) Et dans une plaquette in-4° de l'époque, intitulée : *Explication des emblèmes inventés et mis en vers par M. Bergeat, vidame de Reims, et M. l'abbé Deloche, tous deux chanoines de l'Église métropolitaine, pour la décoration des edifices, arc de triomphe, et autres monuments érigés par les soins de messieurs du Conseil de la ville, lors de la cérémonie du sacre de Louis XVI*, on trouve quelques détails complémentaires (p. 22) : « L'architecture des édi- « fices, de l'arc de triomphe, les autels et les statues ont été exécutés avec « l'approbation de monsieur Rouillé d'Orfeuil, intendant de la province et fron- « tière de Champagne, sur les dessins de M. Doyen, premier peintre de mon- « seigneur le comte d'Artois et professeur de l'Académie de Peinture. Cet « artiste, dont tous les ouvrages portent l'empreinte du génie, a donné à ceux-ci « un caractère d'antiquité qui forme un accord avec les monumens Romains que « cette ville conserve, et qui marquent son ancienneté. Il règne dans ses plans « une intelligence et un goût dignes de la célébrité dont il jouit... L'exécution a « été confiée à M. Clermont, professeur des Écoles de la ville... Les statues et « les bas-reliefs en sculpture ont été exécutés par M. [Gérard] Gautier, de Châ- « teau-Porcien, sculpteur estimé de la capitale. » — Les Archives municipales de Reims possèdent encore deux dessins originaux des arcs de triomphe élevés dans cette ville à l'occasion du sacre de Louis XVI, mais ces dessins ne portent pas la signature de Doyen.

[2] En voici la teneur : « Madame la Comtesse, permettez-moi de rendre hom- « mage à votre esprit en admirant les qualités de votre cœur. Si l'un m'a bien « servi, il faut que l'autre fasse le reste. Vous m'avez permis de vous consulter « pour le sujet du tableau que vous m'avez fait accorder. Je le dois à la sensibi- « lité de respectables amis qui l'ont fait passer dans votre âme. Voici le sujet que « je me propose de faire, que je ne veux point risquer de traiter sans obtenir « votre consentement. — Claudius, ayant remporté une victoire sur les Cartha- « ginois, demande les honneurs du triomphe, il les obtient, mais un des tribuns « qui étoit son ennemi profitant des droits qu'ils avoient, veut faire descendre du « char le triomphateur au moment qu'il va passer sous la porte triomphale. Clau- « dia sa fille qui étoit vestale ayant appris le danger de son père accourut, suivie « des vestales, et avec une célérité inconcevable sépara son père d'avec le tribun, « monta dans son char pour jouir avec lui des honneurs du Capitole. — Valère

sur le sujet qu'il se proposait de traiter en un tableau resté peut-être inachevé : du moins n'ai-je pu suivre sa trace[1]. Le sujet, emprunté à Valère-Maxime, en était : *le Triomphe de Claudius vainqueur des Carthaginois*.

Insatiable de faveurs, et non content de celles qui lui étaient accordées, notre peintre sollicitait toujours, mais aussi ne trouvait pas toujours l'administrateur des bâtiments royaux aussi bien disposé. Le 8 mai 1775, il reçut une lettre[2] qui lui fit sans doute comprendre que ses désirs avaient outrepassé ses droits. Toutefois, il ne se tint pas pour battu, et six mois après, il obtenait, outre un plus grand atelier dans les salons du Louvre précédemment occupés par l'Académie royale d'architecture[3], le titre fort

« Maxime dit qu'on étoit en doute de scavoir s'il n'étoit pas plus beau de faire « triompher ou d'être triomphateur. Je désirerai bien aussi, Madame la Comtesse, « jouir des honneurs du Capitole, mais n'ayant point de fille vestale, je souhai- « terai que la femme du dictateur me séparât d'avec le tribun; il n'y auroit plus « de doute, je lui devrai les honneurs du triomphe. J'ai l'honneur d'être avec un « profond respect, etc... » (Arch. nat.)

[1] Voir *Notes et documents inédits sur les expositions du XVIIIe siècle*, par M. J. J. Guiffrey (Paris, 1873), p. 112.

[2] « Versailles, le 8 may 1775. — J'ay reçu avec quelque surprise, Monsieur, « la lettre par laquelle vous vous plaignés de la prétendüe omission faite de vous « dans la distribution des places propres à former des ateliers dans l'espace qui « va être abandonné par l'Académie Royale d'Architecture. Il me semble que « venant d'obtenir un logement aux galleries du Louvre, par un arrangement que « peut-être je n'eûs pas adopté, vous êtes peu fondé à vous plaindre d'être « oublié dans les grâces que peut vous procurer votre état. Le Roy n'a d'ailleurs « contracté aucun engagement avec les artistes de son Académie, pour leur four- « nir des emplacemens commodes à leur travail, et si le Louvre étoit achevé, il « seroit bien nécessaire qu'ils s'en procurâssent comme ils aviseroient bon. Vous « n'êtes pas le seul qui puissiés réclamer avec fondement des grâces et des faci- « lités pour l'exercice de votre talent, et il est juste que chacun de ceux qui y « ont droit, y participent à leur tour et successivement. Je suis, Monsieur, votre « très-humble et très-obéissant serviteur. — D'Angiviller. » (Arch. nat.)

[3] « A Versailles, le 26 novembre 1775. — L'Académie Royale d'Architecture, « Monsieur, ayant depuis peu pris possession des nouvelles salles qui ont été arran- « gées pour Elle, son ancienne salle d'assemblée m'a paru propre par sa grandeur à « remplir le désir que vous m'avés témoigné, il y a du tems, d'obtenir un attelier « susceptible de l'exécution des plus grandes compositions; c'est pourquoy faisant « une distribution de divers emplacemens, qui vacquoient au Louvre, je vous y « ai compris, en vous accordant cette pièce pour vous servir d'attelier. Je souhaite « fort que cette commodité soit pour vous un moyen de donner à votre talent « tout l'essor dont il est susceptible, et l'intérêt que je prens à l'honneur de « l'École française m'en fait concevoir la flatteuse espérance. Je suis, Monsieur, « votre très-humble et très-obéissant serviteur. — D'Angiviller. » (Arch. nat.)

envié de « premier peintre de Monsieur » frère du Roi [1], qu'avait possédé avant lui François Drouais [2] et pour lequel il était en compétition avec un nommé Frédon, peintre de portraits [3].

Enfin, lors de la mort du célèbre pastelliste Q. de la Tour, Doyen hérita en partie de la pension de 1,000 livres que le Roi accordait à l'artiste décédé : il semble même cette fois, d'après la missive de M. d'Angiviller [4], qu'il fut mis en possession de cette nouvelle faveur sans l'avoir briguée.

Les cours que faisait Doyen au Louvre étaient très suivis, mais les élèves dont il dirigeait les études n'étaient pas toujours très dociles, et le maître eut quelquefois, à cause d'eux, des désagré-

[1] Le futur roi Louis XVIII.

[2] Drouais avait fait le portrait de « Monsieur », qui fut exposé au Salon de 1775.

[3] Témoin cette lettre du marquis de Noailles, ambassadeur de France à Londres, entièrement autographe : « A Fontainebleau, le 31 octobre 1775. — « Je serais très-aise, Monsieur, de pouvoir contribuer à l'arrangement que vous « désirés. Vos talens sont connus, et vous recommandent assés pour obtenir le « titre qu'avoit le s^r Drouais, de premier peintre de Monsieur. Addressés moi un « mémoire que je puisse mettre sous les yeux du Prince. Il est inutile que vous « fassiés mention du s^r Frédon, parce que je suis très-déterminé à ne faire aucune « démarche pour lui dans cette occasion, attendu qu'il n'est que peintre de por- « traits, et que pour réparer ce qui a été fait sans plus de raison en faveur du « s^r Drouais, c'est vous uniquement, Monsieur, sur qui le choix devroit tomber. « Ne doutés pas de la sincérité avec laquelle je suis, Monsieur, votre très-humble « et très-obéissant serviteur. — Le marquis DE NOAILLES. » — Cette missive fut suivie à bref délai d'une autre ainsi conçue : « A Fontainebleau, le 9 novem- « bre 1775. — Je ne puis pas me faire valoir, Monsieur, car je n'ai eu aucune « peine à obtenir de Monsieur le titre que vous désiriés de son premier peintre. « J'écris à M. de la Garenne, secrétaire des commandemens, pour l'expédition « de votre brevet. Les occasions d'obliger quelqu'un de votre mérite sont rares, « mais toutes les fois qu'il s'en présentera, je les saisirai avec beaucoup d'empres- « sement. Je suis plus sincèrement que je ne puis vous le dire, Monsieur, votre « très-humble et très-obéissant serviteur. — Le marquis DE NOAILLES. » (Arch. nat.)

[4] Elle est ainsi conçue : « A Versailles, le 19 mars 1788. — La mort de « M. La Tour, Monsieur, ayant fait vacquer sa pension de 1,000 livres, j'ai con- « sidéré que quoique fort ancien dans l'Académie et dans ses charges, vous ne « jouissés encore d'aucune grâce de ce genre. C'est pourquoi j'ai obtenu pour « vous de Sa Majesté la reversion d'une moitié de cette pension, et c'est avec « plaisir que je vous en fais part. Il sera au surplus nécessaire pour l'expédition « de votre brevet que vous m'envoyiés votre extrait baptistaire et que vous rem- « plissiés les blancs de la déclaration ci-jointe, ainsi qu'il est suffisamment indi- « qué. Je suis, Monsieur, votre très-humble et très-obéissant serviteur. — D'ANGIVILLER » (Arch. nat.)

ments avec ses voisins [1]. Malgré tout, il resta en possession de son logement et de son atelier même après 1789, même après le retour définitif du Roi à Paris, qui força l'administration des bâtiments à faire évacuer presque entièrement les logements précédemment accordés au Louvre et aux Tuileries [2].

*
* *

La situation élevée qu'occupait Doyen auprès des personnages influents de la Cour, et son incontestable notoriété lui procurèrent le plaisir de rendre souvent service à des amis. Bien que les preuves que nous en possédons soient très peu nombreuses, elles suffisent à montrer que l'on avait fréquemment recours à lui, soit pour obtenir un conseil, soit pour solliciter une faveur. Le 17 octobre 1789, la femme de Pajou lui écrit [3] au sujet des travaux

[1] La lettre suivante est intéressante à reproduire en entier, pour donner une idée des mœurs des *rapins* de l'époque : « Versailles, le 11 juillet 1786. — « Madame la duchesse de Civrac me fait parvenir, Monsieur, des plaintes très- « graves contre tous ceux dont les logemens artistiques avoisinent le sien au « Louvre. Vous y êtes singulièrement dénommé en raison de vos élèves qui pro- « fitent des bayes de croisées non garnies pour se répandre sur les toits et y « commettre des désordres de toute espèce, notament en les chargeant de toute « sorte d'immondices que les pluyes conduisent dans les tuyaux de descente. Il « en résulte des engorgemens extrêmement nuisibles. Je viens d'ordonner une « visite de tout ce cânton : elle me procurera sans doute des moyens de mettre « un frein à quelques-uns des désordres qui me sont indiqués; mais j'en essaye- « rais vainement contre la jeunesse qui fréquente votre attelier, si vous ne la « surveillez pas avec la plus grande attention. Je vous la demande, Monsieur, « cette attention, et je vous préviens en même tems que si elle est sans effet, je « prendrai, quoique avec regret, le parti d'interdire la fréquentation de votre « attelier, jusqu'à ce que vous puissiez me répondre personnellement de tous les « sujets que vous y admettrez. J'ai l'honneur d'être, Monsieur, votre très-humble « et très-obéissant serviteur. — D'ANGIVILLER. » (Arch. nat.)

[2] Lettre de M. Cuvillier, du 21 octobre 1789, à M. Doyen (Arch. nat.).

[3] Voici cette lettre : « Monsieur, Pajou vôtre amy de tout les temps m'a « chargé de vous écrire en son nom pour vous prier de présenter vôtre re- « queste pour lui auprès de vôtre amy Mr Bailli; voici le fait. Mr de Craune, « lieutenant de police, a chargé Mr Pajou il y a 2 ans 1/2 des ouvrages de la « Fontaine des Innocents; les marchés se sont montés à 9,000 livres en demandes « *convenues* et Mr Pajou n'a reçut en tout que 600 livres pour à-compte. Mr de « Crosne avoit engagé Mr Pajou d'accellérer cette besogne en employant beau- « coup de bras, ce qu'a fait votre amy et ce qui lui a coutté gros, mais comme « Mr le lieutenant de police alors promettoit le payement de ces ouvrages à la

faits par son mari à la fontaine des Innocents. Les frais avaient été considérables, l'acompte reçu par le sculpteur était dérisoire, et l'artiste était bien désireux de rentrer au plus vite dans ses déboursés. Aussi Doyen, ami intime de Pajou, ami également de Bailly, le maire de Paris, est-il instamment prié de prendre cette requête en considération, et d'intervenir auprès de celui-ci en faveur de celui-là.

Un de ses anciens élèves, Baillet (un inconnu d'ailleurs), lui écrit[1] le 31 mai 1791 avec l'espoir d'obtenir la place de professeur de dessin à l'École d'artillerie que l'on compte établir très pro-

« fin de l'exécution, Mr Pajou n'a rien négligé à employer tout nos moyens, ce « qui nous gêne fort depuis deux ans, n'ayant eü qu'un très-foible secourt de « 600 livres et que les frais ont etté considérables. Mr Bailli a fait la grâce de « répondre il y a quelques tems à Mr Pajou que ce payement étoit assigné sur « un fond de 80 mil livres et qu'il s'occuperoit sous peu de faire solder vôtre « amy Pajou qui vous prie, ainssi que moi, de prendre cette cause auprès de « Mr Bailli avec toutte la challeur de l'amitié dont nous vous connoissonts capable; « vous devez le voir demain dimanche; je vous suplie en mon particulier de « faire en sorte que nous soyonts payée, car véritablement cette affaire-là nous « met dans l'embaras, ayant etté obligé de faire des emprunts avec intérêt pour « payer nos Mrs compagnons, et cela sur la parole qu'avoit donnée Mr de Crosne « qu'il feroit solder à la fin de l'ouvrage; nous seront bien enchantés de vous « avoir cette obligation en la devent à l'amitié. J'ai l'honneur d'être avec estime, « Monsieur et amy de mon camarade, vôtre très-humble servente. Femme « Pajou. Vôtre amy Pajou *est* et sera *toujours* vôtre amy; c'est ce qu'il m'a dit « pour vous. » (Arch. nat.)

[1] « Monsieur, les bontés dont vous m'avés honoré jusqu'ici me déterminent « à vous demander encore une nouvelle grâce et à vous prier de me rendre un « service bien essentiel. On va former ici avant peu une École d'artillerie, où il « faudra nécessairement un maitre de dessin et d'architecture; oserais-je vous « supplier, Monsieur, de solliciter en ma faveur auprès du ministre de la guerre « la place de professeur de dessin dans cette École. Je suis très persuadé que le « témoignage que vous voudrés bien rendre de celui de vos élèves qui a conservé « pour vous la plus grande vénération, et votre recommandation ne contribueront « pas peu à me faire obtenir cet emploi. Je n'oublierai jamais que c'est à l'intérêt « que vous m'avés marqué que je dois la place de professeur de l'École gratuite « de dessin que je remplis dans cette ville depuis 14 ans. Cette place est à la veille « d'être supprimée par l'anéantissement presque total des revenus de la commune « et je m'estimerois trop heureux si je devois une seconde fois mon existence, « celle de ma femme et celle de mes quatre enfans, à vos soins et à votre protec- « tion. M. de St Vincent, commandant et chef de cet établissement, est encore à « Paris, je ne sais à qui m'adresser; plein de confiance dans votre générosité, je « remets entre vos mains mes intérêts les plus chers et je m'abandonne tout entier « à vos bontés et à votre humanité. Recevés d'avance, Monsieur, mes excuses et « mes remerciemens des démarches que vous voudrés bien faire pour moi, et « daignés me faire part du succès de vos tentatives. Je suis avec respect, Mon-

chainement à Châlons-sur-Marne; il doit déjà à son maître d'avoir été nommé professeur de l'École gratuite de dessin dans la même ville, et il compte sur un nouvel effet de sa protection, d'autant que la place qui le fait vivre depuis quatorze ans peut d'un moment à l'autre être supprimée. Mais cette fois c'est au ministre de la guerre[1] que Doyen devra s'adresser[2].

Le 14 juillet suivant, un sieur Garnier consulte Doyen[3] au sujet d'un tableau de Restout, le *Baptême de Jésus-Christ par saint Jean*[4], destiné sans doute à une église de province, et sur lequel le professeur de l'Académie avait été appelé à donner son avis; on y voit la préoccupation de l'individu qui ne recherche point l'œuvre d'art, mais s'occupe avant toutes choses du prix et surtout de la grandeur de la toile, qui ne doit pas dépasser huit pieds six pouces de hauteur (cintrée) sur cinq pieds de largeur : si le tableau que l'on envoie à la destination indiquée est trop grand, on le coupera en haut et en bas pour l'adapter au cadre; s'il est trop petit, on l'agrandira par une couche de peinture plus ou moins adaptée au sujet principal. Peut-on dire combien de fois, depuis un siècle, le

« sieur, votre très humble et très obéissant serviteur. BAILLET. — Châlons-sur-« Marne, le 31 mai 1791. » (Arch. nat.)

[1] Le ministre de la guerre était alors Du Portail.

[2] Ce Pierre Baillet devint, au mois de nivôse an V, professeur de dessin à l'École centrale du département de la Marne. Il était né en 1752. Cf. sa réponse à une circulaire du ministre de l'intérieur, en date du 20 floréal an VII. (Arch. nat., F^{17}, 1273.)

[3] « Monsieur, nous avons bien parlé du tableau que je crois le plus approcher « de 8 pieds 6 poulces de hauteur cintrée sur 5 pieds de largeur seulement, je « veux dire celuy de Restou représentant le *Baptême de Jesus-Christ par saint « Jean*. Mais on m'en demande le prix, et vous ne m'en avés pas parlé. Ayés, je « vous en supplie, la complaisance de me le marquer, pour que de suitte je puisse « en faire part à nos bons campagnards qui ont été effrayés de celuy de La Hire. « Vous observerez qu'il y a des retranchements à faire à la toille pour l'adapter « au cadre tant en bas qu'en haut, et peut-être aux deux côtés, qui exigeront le « pinceau d'un homme plus habile que celuy de 28 lieues d'ici qui ne scait pas « son métier. Ce sont, je crois, des considérations dans l'importance desquelles « j'implore votre justice et votre équité. Je souhaitte que vous puissiez dechiffrer « la présente que je vous écris de mon lit et bien en souffrant. Attendant l'heu-« reux jour où je pourray avoir le plaisir de vous aller voir, j'ay l'honneur d'être « avec les sentiments qui me sont inspirés par vos talents, Monsieur, votre très « humble et très obeissant serviteur. GARNIER père, ancien électeur de 1789. — « Paris, 14 juillet 1791. » (Arch. nat.)

[4] Un tableau de Jean Restout fut exposé sous ce titre au Salon de 1737. Il est possible que ce soit celui-là même dont il s'agit dans la lettre précédente.

fait s'est reproduit, même pour des tableaux de maîtres? Et encore ledit Garnier pense qu'un barbouilleur de village ne devra pas être employé à cette triste besogne, mais qu'il faudra faire venir un peintre de Paris. Que cet exemple n'a-t-il été toujours suivi!

Il semble, du reste, que Doyen devait avoir un caractère affable et bienveillant; il avait des amis partout. Nous le savons très lié avec Greuze et Chardin[1], très lié aussi avec Colardeau le poète, dont il dit quelque part, dans une lettre[2] adressée à son oncle Regnard, curé de Pithiviers (10 avril 1776) : « Il sera toujours « présent à mon cœur et à mon esprit. C'est un homme qui fera « époque dans la langue; on parlera toujours de lui! » Sa société était recherchée par Mariette, par Ducis, par Sedaine, par d'Alembert et par Diderot, qui, dans ses *Salons* comme dans la *Correspondance de Grimm,* parle souvent de lui en admirateur enthousiaste[3]. Accueilli avec considération dans les salons de la noblesse, Doyen était dans les « bonnes grâces » de Madame du Barry, travaillait pour la duchesse de Choiseul[4], entretenait avec le comte de Vaudreuil une correspondance active où nous pourrions relever plus d'un compliment à l'adresse de son talent[5], et le

[1] Voir un extrait d'une lettre écrite par Doyen au peintre Desfriches sur l'agonie de Chardin (6 décembre 1779), qui a été publié dans la *Gazette des Beaux-Arts,* t. XVI (1864), p. 163 et le journal de J. G. Wille, publié par M. G. Duplessis.

[2] Lettre autographe passée en vente publique le 26 avril 1860. Cf. *Gazette des Beaux-Arts,* t. VI (1860), p. 250.

[3] Les *Mémoires secrets* de Bachaumont ne sont pas toujours aussi aimables à son égard. Cf. lettre du 19 septembre 1777.

[4] « Paris, 4 février 1783. — Je n'ai pas fait de réponse à votre lettre, Mon« sieur, parce que je croyois que vous la viendriez chercher; j'espère toujours « avoir le plaisir de vous voir, et si je ne vous renvoie pas votre tableau, c'est « parce que je ne veux le remettre qu'à vous-même, et que j'y suis trop attachée, « pour le donner sans avoir l'assurance que vous voudrez bien me le rendre. Je « suis parfaitement, Monsieur, votre très humble et très obéissante servante. — « La duchesse de Choiseul. » (Arch. nat.) — Au Salon de 1773 fut exposé un tableau de G. F. Doyen, dont le sujet était : *Cybèle, mère des dieux, représente la terre avec ses attributs,* avec cette mention : « Appartient à madame la duchesse de Choiseul. »

[5] « A Paris, le 26 décembre 1785. — Je n'ai point encore reçu, Monsieur, de « réponse de la part de monsieur le comte d'Angiviller, relativement à l'objet « pour lequel Mgr le comte d'Artois avoit bien voulu lui témoigner son intérêt. Je « viens de lui écrire à l'instant même une lettre très pressante, et j'espère que « j'aurai des nouvelles à vous donner à ce sujet dès que je serai de retour à Ver« sailles. Je vous engage surtout à ne pas vous décourager pour quelques obstacles « que vous pourrez rencontrer dans une carrière où vous avez déjà obtenu et

duc de Bouillon, lui aussi zélé protecteur des Arts, lui envoyait de Navarre (Eure), le 17 août 1789, cet appel pressant : « Je vous « attends avec impatience et je vous renouvelle, mon cher Doyen, « l'assurance de ma tendre amitié pour vous[1]. »

Trois hommes qui jouèrent un rôle actif pendant la période révolutionnaire furent étroitement liés aussi avec Doyen : Lenoir, son élève David et l'académicien Bailly[2].

* * *

En 1781, un sieur Jean Druyer de Boncourt, négociant à Neuchozen près Düsseldorf, en Allemagne, vint à Paris, s'aboucha avec un marchand de tableaux nommé Vincent Donjeux[3] et lui laissa un tableau attribué à un maître italien, comme il appert par la pièce suivante :

« Je reconnois avoir entre mes mains un tableau, dont les appa- « rences sont du Guide d'Oreny (*sic*) ou d'un autre grand maître, « appartenant à M. Druyer de Boncourt et représentant une Cléo- « pâtre de grandeur naturelle, grouppée de deux serpents, laquelle « je me charge de vendre à compte à demy, le plus avantageuse- « ment possible, et ne rien conclure pour la vente dudit tableau « sans le consentement dudit sieur; n'ayant d'autre prétention à « faire que sur le bénéfice, je promets et consens de laisser pré- « lever avant tout partage la somme de 6,000 livres pour rem- « bourser le susdit sieur de ses frais et acquisition. Le tout accordé « et fait double entre nous, à Paris, ce 3 avril 1781. — Druyer de « Boncourt. — Donjeux[4]. »

« mérité plus d'un succès. Je vous renouvelle avec bien de l'empressement les assu- « rances du sincère attachement avec lequel j'ai l'honneur d'être, Monsieur, vôtre « très humble et très obéissant serviteur. — Le comte DE VAUDREUIL. » (Arch. nat.)

[1] Lettre autographe. (Arch. nat.)

[2] Le portrait de Bailly, exposé au Salon de 1789, était l'œuvre du peintre J. L. Mosnier, autre ami de Doyen, également protégé par le duc de Bouillon, qui l'invitait aussi à venir à Navarre avec sa femme. (Arch. nat., T. 714.)

[3] M. J. GUIFFREY, dans les *Scellés d'artistes français*, t. III (1886), p. 159, nous apprend que ce Donjeux était aussi expert, et fut désigné en cette qualité pour donner son avis sur la collection de tableaux laissée par C. F. Sollier, après sa mort (1784).

[4] Copie du temps ayant servi au procès. (Arch. nat., T. 714.)

Le même jour, la même convention fut passée entre eux au sujet d'un autre tableau attribué à Rubens, représentant le *Départ de Mars pour la guerre,* avec quinze figures ; Donjeux était en outre chargé de sa restauration. En 1787, Druyer de Boncourt vint sans doute demander compte au marchand de tableaux de ses opérations relativement aux œuvres d'art précitées; il n'obtint ni explications, ni remboursement, et ne put rentrer en possession des tableaux, qui avaient disparu. Aussitôt il intenta un procès au dépositaire infidèle et de mauvaise foi[1], et s'ensuivirent des assignations, procès-verbaux, ordonnances sur référé et autres procédures de gens de loi. L'affaire portée au Parlement fut portée en justice le 28 janvier 1786, et du dispositif de l'arrêt rendu il résultait que le sieur Donjeux était condamné « à rendre et à restituer les deux « tableaux dont il s'agit, sinon à payer la somme de 150,000 livres, « 100,000 pour le tableau de Rubens et 50,000 livres pour la « valeur du second[2] ».

L'estimation exorbitante faite par les Consuls de Paris de ces deux tableaux ne pouvait être définitive, et bientôt il fut procédé à la nomination de deux experts, sur l'appel interjeté au Parlement le 27 juin 1787. Ces experts furent deux membres de l'Académie de peinture, Doyen et Ant. Renou[3].

Chacun fit son rapport[4], et celui de Doyen, qui nous a été conservé, était conçu en ces termes :

« Le sieur Doyen, nommé arbitre par la Cour pour estimer le « prix de deux tableaux qui ont disparu et qu'on ne peut retrouver, « déclare : 1° qu'il ne peut estimer des tableaux qu'il ne connoit « point et qu'il n'a point vus ; 2° que les peintres ne peuvent juger

[1] Cette réputation du sieur Donjeux semble méritée, si l'on en juge par une autre pièce le concernant, publiée dans les *Nouvelles Archives de l'art français*, 2e série, t. I (1879), p. 403, par M. Ém. Campardon. Le plaignant, le comte de Lauraguais, avait payé d'avance 2,400 livres à Donjeux un tableau que celui-ci refusait de lui livrer.

[2] Donjeux avait déclaré, après avoir signé la reconnaissance transcrite plus haut, que les deux tableaux lui avaient été enlevés, et que ce n'était d'ailleurs que des copies de peu de valeur. (Arch. nat., T. 714.)

[3] Archives nationales, X1b 8782.

[4] Dans une lettre adressée à Doyen au cours du procès, Donjeux « le prie en « grâce d'allonger l'affaire de quelques jours », afin qu'il ait le temps d'être en règle pour signifier sa procédure, « qui anéantira l'affaire et metera mon coquin « où il doit estre ». (Arch. nat.)

« que du mérite des tableaux qui sont sous leurs yeux, et non pas
« leur assigner un prix fixe et rigoureux, parce que ce prix varie
« suivant l'affluence, les désirs, la passion des acheteurs et suivant
« l'habileté des vendeurs; 3° que cependant on peut recueillir
« quelques étincelles de lumière qui brillent au milieu des té-
« nèbres dont la cupidité s'est couverte dans cette affaire, où il
« existe une fripponnerie. Les termes de la reconnaissance éclairent
« sur le prix de l'acquisition du tableau prétendu du Guide; le
« sieur Donjeux dit : *Je me charge de vendre à compte à demi le*
« *plus avantageusement possible et ne rien conclure pour la vente*
« *dudit tableau sans le consentement dudit sieur; n'ayant d'autre*
« *prétention à faire que sur le bénéfice, je promets et consens de*
« *laisser prélever avant tout partage la somme de 6,000 livres*
« *pour rembourser le dit sieur de ses frais et acquisition.* Donc
« voilà un prix déterminé. Le sieur Druyer qui a acheté le tableau
« ne doit pas être supposé avoir trompé un vendeur ignorant; donc
« il a dû acheter le tableau sa valeur. Les sieurs Donjeux et Druyer
« ne doivent point être supposés vouloir tromper ceux ou celui
« auquel ils le vendront; donc il faut mettre un gain ordinaire aux
« commerçants. Dans le commerce ordinaire, le profit du marchand
« est de 10 pour 100, celui des tableaux par la difficulté de vendre
« peut supposer un profit plus étendu, mais qui pour des honnêtes
« gens ne doit pas s'étendre au-delà de 30 pour 100. Le sieur
« Doyen déclare donc en son âme et conscience qu'il ne peut
« estimer le tableau soi-disant du Guide que 30 pour 100 au delà
« du prix de 6,000 livres. Quant au tableau de Rubens, n'y ayant
« rien dans la reconnoissance qui indique le prix de l'achat, ne
« connaissant pas le tableau, le sieur Doyen déclare qu'il ne peut
« avoir aucune baze pour l'estimer et par concéquent refuse d'ar-
« bitrer aucun prix. Si le sieur Druyer prouvoit comment le tableau
« est venu en sa possession, dans quel lieu il l'a acheté et quel en
« a été le prix certain, alors le sieur Doyen jugeroit que le tableau
« auroit une valeur connue, et l'on pourroit allouer un profit de-
« puis 10 jusqu'à 30 pour 100; tant que cette preuve ne sera pas
« fournie d'une manière authentique, le sieur Doyen déclare ne
« pouvoir arbitrer de prix[1]. »

[1] Archives nationales, T. 714.

L'avis de Doyen paraît très judicieux, mais celui de Renou n'aboutissait pas aux mêmes conclusions[1], car on procéda bientôt (mars 1788) à la nomination d'un tiers expert[2] : ce dernier ne fut autre que Joseph Vernet, qui intervient comme arbitre entre deux confrères « dont il estime la personne et les talens ». Vernet se range du reste entièrement à l'avis de G. F. Doyen.

*
* *

Dès que fut établi, au début de la période révolutionnaire, le « bureau de liquidation des biens nationaux ecclésiastiques du département de Paris », l'administration fit appel au zèle et au dévouement de Doyen, et bien que tout l'honneur de l'organisation du Musée des Monuments français doive assurément rester à Lenoir[3], il n'est pas possible de passer sous silence les services que Doyen rendit en cette occasion, et qui sont constatés officiellement par des documents[4] que nous allons brièvement résumer.

Doyen fut l'initiateur, et Lenoir, son élève, ne fut aussi que son continuateur.

Le bureau d'agence générale de la municipalité de Paris adressa à Doyen, le 10 septembre 1790, la lettre suivante :

« L'administration, Monsieur, ne craint point d'être indiscrette « en vous priant de lui rendre un service qui intéresse la chose « publique; elle a déjà trop de preuves de votre zèle patriotique « pour en douter un instant. Nous vous prions donc, Monsieur, « de vouloir bien nous donner vos avis tant sur les tableaux qui

[1] Renou éluda la question, craignant de se compromettre et refusant d'assigner aucun prix; il demandait seulement qu'on cherchât à découvrir si les tableaux n'avaient pas été détruits ou vendus, et qu'on cherchât ces tableaux dans les pays étrangers, en envoyant partout leur signalement et en faisant d'actives perquisitions.

[2] L'avis donné sur cette affaire par Joseph Vernet a été publié par M. G. Duplessis dans les *Nouvelles Archives de l'art français*, 1872, p. 402-4. On ne connaissait donc jusqu'ici que l'issue du procès. Il nous a semblé intéressant, en retraçant le rôle que Doyen joua dans cette circonstance, d'en raconter sommairement les différentes phases.

[3] Il n'est pour ainsi dire pas question de Doyen dans les papiers de Lenoir publiés par l'Administration des Beaux-Arts. Il semble du reste que Lenoir ait toujours pris le parti de taire les noms de ses collaborateurs.

[4] Tous ces documents font partie de la liasse T. 714 des Archives nationales.

« se trouvent dans les maisons religieuses supprimées et que vous « jugeriez devoir être des chefs-d'œuvre, que sur les objets d'ar- « genterie considérés sous le même rapport. Si vous daignez vous « prêter à notre demande, nous aurons l'honneur de vous pre- « venir, Monsieur, du moment où nous vous prierons de vouloir « bien vous transporter dans quelqu'une de ces maisons.

« Nous avons l'honneur d'être avec la considération due à votre « célébrité, Monsieur, vos très-humbles et très-obéissans servi- « teurs les Commissaires Administrateurs des biens nationaux « ecclésiastiques.

« PITRA. »

Doyen rédigea aussitôt la réponse suivante :

« 13 septembre 1790. — Messieurs, je suis très-sensible à la « preuve honorable de confiance que vous me donnez en me char- « geant de coopérer avec vous pour juger et apprécier les tableaux « que renferment les maisons religieuses. Je vois avec plaisir que « votre amour pour les Arts vous fait craindre la destruction ou la « dispersion au détriment de l'intérêt public et d'eux-mêmes, « puisque les artistes ne peuvent épurer leur goût que par l'étude « des ouvrages des grands maîtres.

« Je regarde donc comme le devoir le plus précieux à mon cœur « de visiter et examiner avec vous tous les tableaux qui sont dans « cette capitale. Si je n'ai pu atteindre à la perfection des célèbres « artistes, j'aurai du moins la consolation de concourir à la con- « servation des fruits de leur génie.

« J'espère que, sous les auspices d'un Maire célèbre par ses « talens et ses vertus, et d'Administrateurs distingués par le pa- « triotisme le plus pur, les artistes prendront cet essor et cette « élévation que produit la liberté. Mon zèle pour la patrie m'en- « gagera toujours à consacrer mon tems et mes soins à tout ce « qui peut la faire fleurir. Je serai donc toujours prêt à vous « seconder, et je ferai tous mes efforts pour répondre d'une ma- « nière utile à la confiance que vous me témoignés.

« J'ai l'honneur d'être avec respect, etc... »

Et de fait, à partir de ce moment, Doyen consacra la majeure partie de son temps à s'occuper du Musée des Petits-Augustins. Le 28 septembre 1790, il assiste à la « translation des Petits Augustins près le quay Malaquais, aux Grands Augustins près la rue

Dauphine », et le 5 octobre 1790 le Comité d'aliénation rend deux délibérations qui marquent bien son rôle et la part importante qu'il prit à toute cette nouvelle organisation.

« L'Administration des Biens nationaux, convaincue par les premières opérations de M. Doyen de toute l'utilité dont ses talens « et son zèle seront au choix et à la conservation des tableaux et « autres objets de l'Art, qu'elle l'a chargé de surveiller, l'a autorisé à se transporter dans les différentes maisons religieuses « pour y prendre connaissance des tableaux, morceaux de sculpture « et autres monumens qu'elles pourroient contenir, pour sur son « rapport être statué par l'Administration sur ceux qu'il seroit à « propos de transférer dans l'église des Petits-Augustins pour y « être conservés. »

Le second extrait est plus explicite encore :

« Sur le rapport de M. Doyen, chargé d'examiner si le local des « Capucins Saint-Honoré pourroit recevoir les tableaux que l'Administration jugeroit encore à propos de conserver, et sur celuy « que l'on pourroit lui substituer, dans le cas où ce local ne pourroit convenir, il a été arrêté que tous les tableaux dont il seroit « convenable de retarder la vente pour la faire plus avantageusement seroient placés dans l'église des Petits-Augustins, dits de « la reine Margueritte[1]; que M. Doyen seroit autorisé à proposer à « l'agence les moyens les moins coûteux pour les conserver, et « que dès ce moment il y feroit transférer les tableaux des Capucins; que pour établir l'ordre nécessaire à ce rassemblement, « M. Doyen spécifieroit sur chaque procès-verbal d'évacuation de « maisons religieuses le nombre et l'espèce de tableaux qu'il « jugeroit à propos de conserver, qu'il y joindroit le nom des « maîtres des Écoles, le prix auquel il croiroit que leur valeur « pourroit être portée, que copie de cette partie du procès-verbal « signée de luy seroit remise à l'agence pour y être conservé, et « transcritte sur un registre qui sera tenu à cet effet; que de « même M. Doyen en tiendroit un[2] où il inscriroit maison par

[1] L'inventaire des peintures et sculptures de la maison des Petits-Augustins, rédigé par Doyen du 30 septembre au 13 novembre 1790, est conservé aux Archives nationales (S. 3641). Il a été publié par M. Ed. Fremy dans sa brochure : *Le Monastère des Petits-Augustins de Paris.* (Paris, s. d. [1884], p. 45-49.)

[2] Ce registre, si toutefois il a jamais existé, ne se retrouve pas dans ses papiers.

« maison les tableaux qu'il auroit fait transférer dans l'église des « dis Petits-Augustins. »

A partir de ce jour, Doyen est convoqué successivement pour aller, de concert avec les membres du Bureau de liquidation, dans les églises de Paris à la recherche des œuvres d'art; le 11 octobre, c'est aux Carmes de la place Maubert; le 13, c'est à Saint-Louis-Sainte-Catherine, et on le charge de dresser un état exact de tous les tableaux qui y ont été trouvés[1]; le 3 novembre, c'est aux Dominicains Saint-Honoré; le 18, c'est à la sacristie de Notre-Dame; le 22, à la Sainte-Chapelle; le 4 décembre, à Sainte-Opportune, rue Saint-Denis; le 11, à Saint-Louis du Louvre; le 15, au couvent des Cordeliers; le 20, aux Minimes de la place Royale; le 24, à l'église collégiale Saint-Marcel; le 12 janvier 1791, il est mandé au monastère des Barnabites; le 14 février, à la chapelle Sainte-Anne du faubourg Poissonnière; le 8 mars, à la levée des scellés apposés sur le trésor de la Sainte-Chapelle; le 19, on lui demande de produire l'état des tableaux et sculptures du couvent de la Madeleine, rue des Fontaines, dont il a été chargé; le 20 avril, on le trouve au couvent des Théatins[2]; le 30, il est invité à se prononcer sur une statue de la Vierge conservée à Saint-Étienne des Grès; le 9 mai, il procède à l'enlèvement des tableaux et du buffet d'orgues des Jacobins de la rue Saint-Honoré, et les fait transporter aux Petits-Augustins; le 12, il est à Saint-Jacques l'Hôpital; le 16 juin, à Saint-Nicolas du Chardonnet.

Si l'on veut d'autres preuves de son étonnante activité pour tout ce qui se rapporte au dépôt des Petits-Augustins « confié à ses soins », on pourra se reporter aux nombreuses lettres qui lui sont adressées par le Bureau d'agence générale, et relatives à des

[1] Dans la plupart des lettres de convocation qui lui sont adressées, on fait appel à ses lumières pour l'inventaire et l'estimation des tableaux.

[2] Il existe aux Archives nationales un inventaire détaillé, commencé ce jour-là même, des tableaux et statues qui décoraient alors le couvent et l'église des Théatins. Cet inventaire est rédigé par Doyen (pour les tableaux) et par le sculpteur Mouchy, le 20 avril 1791 (S. 4355). On y conserve encore les inventaires faits par Doyen aux Jacobins de la rue Saint-Honoré le 29 octobre 1790 (S. 4222) et aux Jacobins de la rue Saint-Dominique (S. 4220) le 17 février 1791. Ce dernier a été publié dans les *Nouvelles Archives de l'Art français* en 1878, et de nouveau dans l'étude de M. Marionneau sur le *Frère André* (Bordeaux, 1879, p. 35-49). Cf. encore l'étude de M. V. Pierre dans la *Revue de la Révolution* (n° du 10 juin 1888).

affaires très diverses. Ou bien il s'agit de faire retirer quelque objet d'art des Petits-Augustins[1], ou bien de lui rembourser une somme dépensée par lui pour le transport de biens nationaux dans le même lieu, ou encore de l'avertir qu'il n'a pas le droit d'aliéner un objet quelconque dont il a la garde, le *Comité des savants* s'en étant réservé la faculté exclusive[2].

Quelques jours après[3], Doyen partait pour la Russie, sans prévenir toutefois officiellement de son départ. Aux comités révolutionnaires, il semble qu'on attendit toujours son retour, car dans la liste des membres des « Commissions pour la conservation des Monuments des Sciences et Arts[4] », nommés le 18 octobre 1792, il y a sept artistes : Boizot, David, Doyen, Masson, Mouchy[5], Pajou et Regnauld.

On peut dire que, pendant l'année qui précéda son départ, Doyen fit beaucoup pour la conservation des objets d'art devenus, par suite du nouvel état de choses, propriété de l'État; non seulement on le consultait, mais il prit souvent, au sein des Comités

[1] Lettre du 29 avril 1791 : « L'administration, Monsieur, a l'honneur de vous « faire part qu'elle a disposé du buffet d'orgues de l'église des cy-devant Petits-« Augustins, et que M. Tassin est autorisé à le faire enlever et transporter. Cette « opération doit être en entier à ses frais. Il est averti de s'entendre avec vous « pour y procéder, parce qu'il sera peut-être nécessaire que vous donniés des « ordres relativement au dépôt effectué dans cette église. Comme il est confié à « vos soins, l'administration s'en rapporte entièrement à ce que vous jugerés con-« venable d'ordonner. » (Arch. nat.)

[2] Lettres des 19 avril et 23 septembre 1791.

[3] Au commencement du mois de décembre, comme semble l'indiquer le billet suivant : « Messieurs, je vous recommande particulièrement M. Doyen, de l'Aca-« démie de Peinture, mon amy, qui part pour la Russie. Comme il a divers effets « à faire partir par mer et qu'il n'entend rien aux affaires, je vous prie de soigner « tout cela... — Paris, ce 3 décembre 1791. » (Arch. nat.)

[4] Publiée dans l'*Inventaire des richesses d'art de la France, Archives du Musée des monuments français*, t. I (Paris, Plon, 1883), p. 8. Cf. *Almanach national pour* 1793, p. 97.

[5] On peut dire que, d'accord avec Doyen, chargé de l'inventaire des peintures dans les maisons religieuses supprimées et dans les habitations des émigrés, ce fut Mouchy qui eut la mission de dresser l'état des sculptures. Mais, contrairement à Doyen, il demeura en France et continua, soit avec Lebrun, soit seul, l'œuvre commencée, témoin cette lettre que lui écrit Berdot, commissaire délégué, le 3 mai 1793 : « J'ai l'honneur de vous prévenir, citoyen, que j'ai trouvé chez « la dame Luxembourg, rue de Lille, ci-devant Bourbon, beaucoup de tableaux et « portraits. Je vous prie de vouloir bien venir un jour de la semaine prochaine « entre dix heures du matin et deux heures de l'après-midy pour examiner ces « mêmes tableaux. » (Arch. nat., F^{17} 1262, n° 29.)

dont il faisait partie, l'initiative de mesures excellentes. C'est lui qui fit écrire aux membres des districts des quatre-vingt-trois départements la lettre suivante :

« Les monumens de peinture, tels que les tableaux, les objets « peints à fresques, sur des plafonds, voûtes, murailles, même « dans des corps de boiseries, doivent attirer votre attention et « surveillance.

« Il vous est facile, Messieurs, de faire dresser en peu de mots « dans chacun des districts par des *artistes* le détail de l'objet « représenté dans chaque tableau qu'on sçait être fait par un « bon peintre, soit original ou même copie, son nom, la propor- « tion, la hauteur et la largeur du tableau, soit sur toile, sur « cuivre, sur bois et même sur marbre : on peut faire la mention « de la nature de la matière du cadre où il pouroit avoir quelques « inscriptions. La sculpture, la grandeur de la statue qu'elle « représente, le nom du maître, la qualité de sa matière, marbre, « bronze, cuivre ou bois; il ne faut pas oublier les bas-reliefs, « soit en marbre, terre cuite, argent, bronze et en bois.

« Les collections de gravures que l'on trouveroit dans les cloî- « tres et autre lieu, c'est ordinairement les curiosités des soli- « taires.

« Les inscriptions et tombeaux; il faut donner le nom et sur- « tout la datte.

« Enfin un simple compte sans détail du nombre des tableaux, « tel que portrait peu intéressant ou autre morceau de peinture « de peu de valeur, avec le nom de la maison, de la municipa- « lité et du district dans lesquels se sont trouvés les objets dont « on désire avoir des connoissances[1]. »

Dans une requête qu'il adresse le 6 mai 1791 au Comité des savants, il demande la conservation des chasubles, vases, chande- liers et autres objets du culte provenant des églises supprimées, qui peuvent être intéressants soit par leur richesse, soit par leur antiquité. On y lit :

« Les superbes et magnifiques ornemens venant des couvents « ont coûtés des sommes immenses. J'en ai sous mes yeux qui

[1] Archives nationales, T. 714. — Ainsi Doyen réclamait, il y a cent ans, la confection d'un inventaire général des richesses d'art de la France, entrepris il y a quelques années sur l'initiative de M. le marquis de Chennevières.

« m'ont été confiés et déposés sous ma réserve des Augustins, qui « sont autant de preuves de ce que j'avance; plusieurs sont précieux « par leurs broderies et d'autres plus précieux encore par le caractère qu'ils portent du siècle qui les a produits..... Il faudra « retirer les vieux, les fondre et surtout conserver ceux du onzième « et douzième siècle; ce sont des autorités précieuses pour les arts. « L'antiquité est respectable dans tous les genres. »

Enfin, à titre de curiosité, nous donnerons en entier ce programme d'un tableau destiné, croyons-nous, à représenter par la peinture la séance du 8 octobre 1789, où Louis XVI prononça le serment à la Constitution et à la déclaration des droits de l'homme[1] :

Programme du tableau qui doit représenter la Révolution avec des emblèmes allégoriques pour donner au sujet la noblesse qu'il exige.

« Sur les débris et les ruines de la Bastille, image du plus « affreux despotisme, il faut établir les fondemens et la baze de la « liberté, afin d'affermir le trône de la Nation, le rendre inébranlable et immortel.

« Dans le milieu du tableau il s'élèvera un autel dédié au Dieu « de la Patrie sur lequel il y aura une inscription latine à Dieu, « au Roy et à la Patrie. L'autel fumera d'encens, le Roy posera la « main sur l'autel pour renouveller le serment qu'il a fait de s'unir « avec son peuple pour la régénération de la constitution de l'État; « il tiendra le Dauphin de la main gauche; il montera sur les marches de l'autel, voulant imiter son père en touchant à l'autel.

« La Reine et Madame Royale seront à sa droite, assistant au « serment avec le plus grand intérêt et la plus grande sensibilité, « la confiance les accompagnera; c'est le mot connu que la Reine « a répété en reprenant M. le maire : ce qui a produit ce bon mot. « Le Roy seul joue le rôle principal dans ce tableau. L'autel cachera « le bas des figures de la Reine et de Madame Royale. Les habillemens des femmes étant trop magnifiques, ils détruiroient l'intérêt de l'action.

[1] Cf. *Journal de Paris*, année 1789, t. II, p. 1289.

« Dans le moment où notre bon Roy prêtera le serment sur « l'autel de la patrie, le bon Bailly l'annonceroit au peuple, ainsi « qu'il l'a fait, et comme le Roy lui a ordonné faisant l'office de « chancelier. Pour que cela ne soit pas une action douteuse, il « tiendroit d'une main les sentimens du Roy écrits, et de l'autre « main étendue vers le peuple, il déclarera avec noblesse et sensi- « bilité les sentimens d'un père pour ses enfans et ses frères : car « ce sont les expressions du Roy.

« L'ange ou le génie tutélaire ou protecteur de la Nation et de « la famille royale planera au-dessus de leurs têtes, les couvrant « de ses ailes et de son égide sur lequel est un soleil qui répand « des rayons, simbole de la splendeur de la France ; il portera « dans sa main droite trois couronnes, deux civiques et une de lau- « rier pour les sauveurs de l'État; s'il en faut d'autres, elles « seront passées dans son bras.

« Le maire de la ville, à gauche du spectateur, représentera la « commune et la municipalité; entre l'autel et le maire de la ville « sera le commandant général monté sur un cheval blanc; la « Valeur tiendra la bride de son cheval. Cet emblème peindra ce « héros qui est gardé par sa valeur même; quelques officiers et « troupes seront derrière avec des guidons selon que le besoin sera.

« Le trône sera à la droite du spectateur, de la plus grande « magnificence; à la droite du trône sera assise la Vérité qui « paroitra dans l'attitude du désir de voir arriver le Souverain qui « l'aime ; elle tient une palme d'une main pour la lui offrir, et de « l'autre un soleil qui est son emblème. Près d'elle sera une « femme majestueuse qui par les emblèmes représentera l'Assem- « blée de la Nation; elle tiendra d'une main le livre du Destin sur « lequel sera *Les décrets de la destinée de la Nation;* elle aura le « bonnet de la Liberté et de l'autre main elle découvrira le voile « de la Vérité pour le présenter au souverain; elle dissipe le « nuage qui couvroit la Vérité. A côté d'elle sera une femme qui « tient une ruche à miel, emblème du gouvernement monar- « chique.

« Sur le devant, près de l'autel, un lion mort percé d'une pique « rompue, renversé sur le dos, la gueule ouverte; les abeilles y « ont déposé leur miel, ce qui marque clairement la destruction « de la tyranie et la douceur de la paix.

« Jusqu'à la partie du milieu à droite, il y aura un orage derrière le trône qui terminera le tableau ; à droite, le ciel est couvert de nuages amoncelés les uns sur les autres ; le tonnerre crève la nue et va frapper l'hydre de la rébellion qui tombe avec les monstres qui ont désoléz l'État ; ils sont écrasez par l'écroulement de cet édifice élevé par les tyrrans dont la race s'étoit perpétuée jusqu'à nous.

« L'Amour national, c'est un jeune guerrier tout armé en cuirasse ; une hache d'une main et de l'autre un bouclier, il passe à travers la flamme, se jette dans le précipice où sont les monstres de l'État : simbole du courage et de l'éloquence ; il détruit les harpies qui veulent approcher et infecter le trône, il foule sous ses pieds les serpents ; il y en a un dont il écrase la tête, le corps s'entortille autour de sa jambe pour le renverser. C'est le dernier effort des méchans !

« L'orage qu'il y a eu [1] a fait naître l'idée de la réconciliation de Dieu avec son peuple après le déluge. La colombe au travers de l'arc-en-ciel apportera un rameau d'olivier au Roy, et, si l'on veut, les clefs : cecy est à volonté.

« A la gauche du tableau, il y aura un monument comme la colonne Antonine, qui représentera l'union parfaite de toutes les classes et de tous les états de la Nation ; il sera d'or, de bronze, ou de marbre, représentant une divinité payenne dont toutes les vertus sont réunies en trois personnes. Minerve, Bellonne et Pallas ne font qu'une divinité, cependant elles ont séparément leurs attributs et leurs fonctions ; Minerve, le conseil ; Bellonne, le pouvoir exécutif ; Pallas, les arts, artisans, manufactures, enfin le peuple de tous les états.

« Le beau tems commencera à paroitre du côté de la famille royale, au milieu du vaste champ de l'air pur. La Renommée, non pas celle qui porte le mensonge et la vérité sans choix, mais celle d'Antonin. Mercure, le dieu de l'éloquence tenant Pégaze par la bride, va porter à tous les peuples de l'univers la nouvelle d'une véritable alliance d'un Roy avec son peuple pour ne former qu'une seule famille : événement que ce dieu n'a jamais annoncé à aucun peuple de la terre. La bonté et les vertus de

[1] Le jour de l'arrivée du Roi, 6 octobre 1789

« notre Souverain nous rappellent la renommée d'Antonin Pie.

« A gauche du tableau, près de la statue aux trois personnes, le « peuple pour orner le devant du tableau gravira sur les ruines, « sur les tourillons de la Bastille et sur les canons brisés, les « femmes surtout avec leurs enfans pour les présenter à la famille « royale; il y en aura qui auront des casques et des armes; ils « sucent avec le lait l'amour de la Patrie et de leur Souverain.

« Au pied de ce monument, l'Abondance, accompagnée de la « Justice distributive, en regardant le maire de ville, distribueront « au peuple avec économie les bienfaits de l'État; aux ouvriers, « des pioches, des scies, des charrues et autres ustensilles de labeur; « aux femmes, des laines, quenouilles, etc. Le peuple portera des « branches d'arbres, de peupliers et autres : ce qui a produit le « plus grand effet de feste et le plus beau spectacle du monde à « l'entrée du Roy. Pour terminer et que tout soit en action dans « ce tableau, c'est de représenter dans le fond les murailles et les « créneaux que le peuple démolit, quelques-uns d'entr'eux le « chapeau à la main annoncera qu'ils crient : Vive le Roy!

« Il faudra représenter le signe du zodiaque (le Taureau) du « mois de l'événement à jamais mémorable (8 octobre 1789). »

La longue description de ce tableau, qui n'a sans doute point été exécuté, montre assez le mauvais goût qui triomphait alors dans les questions artistiques, et le mélange d'allégorie païenne et de vérité historique où semble se complaire Doyen n'est point pour nous faire regretter que les troubles politiques de la fin du dix-huitième siècle aient momentanément entravé l'essor d'un art aussi théâtral et aussi faux.

*
* *

On ne sait à peu près rien de la famille de G. F. Doyen. Resté célibataire, il avait un fils naturel. L'une de ses sœurs, Marie-Françoise, avait épousé un nommé Reguard [1]; l'autre, Rosalie, était mariée à un sieur de Baudoin, à Aix en Provence, et avait en 1780 une fille âgée d'environ quinze ans; mais il semble, d'après

[1] D'après M. Th. Lhuillier (*Chronique des arts*, 1872, p. 359).

des lettres écrites à son frère, qu'elle vivait séparée de son mari, et d'après d'autres documents, qu'elle n'avait pas une conduite fort régulière : au moins paraît-on vouloir lui retirer l'éducation de sa fille[1].

Le 5 juillet 1777, Doyen s'était fait adjuger par sentence du Châtelet de Paris[2] une agréable maison de campagne sise à Rubelles près de Melun, où il allait passer la belle saison, et il agrandit successivement sa propriété primitive par des acquisitions de terrains et de lots divers. Cette résidence, qui dépendait de la seigneurie de Jean du Tremblai de Saint-Yon, seigneur de Rubelles, fut vendue nationalement en l'an II[3]. Le mobilier peu important qu'il y avait laissé fut vendu à l'encan.

Quelques années plus tard, après avoir fait d'importants travaux pour la czarine Catherine II et pour Paul Ier, qui le combla de ses bienfaits[3], Doyen mourut à Saint-Pétersbourg, le 13 mars 1806, âgé de quatre-vingts ans[4]. Sa vie tout entière consacrée à l'art, son talent, son zèle dans l'organisation du Musée des Petits-Augustins, lui méritent la reconnaissance de tous ceux qui ont le culte du passé.

[1] « Cette fille a environ quinze ans, et on la dit d'une figure agréable. Il convient qu'elle perde entièrement sa mère de vue, et M. Doyen son oncle fera bien de veiller sur cet objet et de s'entendre avec le père. » Lettre de M. de Castillon à Mgr le garde des sceaux, du 8 septembre 1780. (Arch. nat.)

[2] Archives nationales, Y. 3284. — Les possesseurs antérieurs étaient les héritiers Bruley, au nombre desquels on cite Emmanuel-Bernard Hoogsthoel, maître peintre à Paris, et Jeanne-Thomas Bruley, son épouse, demeurant à Paris, cloître Saint-Germain-l'Auxerrois.

[3] Voir Dussieux, *Artistes français à l'étranger*, 3e éd. (1876). Toutefois il semble qu'il n'ait pas été au premier abord très bien accueilli par l'Impératrice, si l'on en juge par cet extrait de lettre dont je dois la communication à l'amitié de M. Maurice Tourneux : « Pour Doyen, je ne l'ai pas vu, car chez nous on n'admet plus aussi vite les Français; au moins faut-il qu'ils passent par la quarantaine politique. » Lettre du 9 mai 1792, dans les *Lettres de Catherine II à Grimm*, publiées pour la Société historique russe par M. F. Grot (Saint-Pétersbourg, 1878, in-8°).

[4] Et non le 5 juin, comme l'ont dit tous les biographes. M. Th. Lhuillier a rectifié cette erreur en 1872, d'après un acte de notoriété dressé par Me Vilcoq, notaire à Paris en 1806 : ce qui n'a pas empêché d'autres critiques et biographes de la répéter depuis 1872.

APPENDICE[1]

Peinture de la coupole de la chapelle de Saint-Grégoire de l'Hôtel royal des Invalides (1771).

Cette chapelle, qui est la première du côté de l'Évangile, entre le sanctuaire et la chapelle de la Vierge, avait d'abord été confiée à Person pour y peindre les principaux traits de la vie de saint Grégoire. Cet artiste fit de vains efforts pour répondre aux espérances que l'on avait conçues de lui. Lorsque ses peintures furent achevées, il y eut ordre pour tout effacer, sans même que l'artiste en fût prévenu, et un soir que Person vint, avec un de ses amis, revoir son ouvrage, il ne vit pas toutes les murailles blanchies sans une émotion très-vive et qui faillit lui donner le coup de la mort. Louis quatorse, instruit de cette circonstance, ne consulta que la bonté de son cœur. Ce prince, attentif à récompenser les efforts même infructueux qu'on avait faits pour lui plaire, gratifia Person de la place de directeur de l'Académie royale de Peinture à Rome. Michel Corneil avait été choisi pour lui succéder dans la décoration de la chapelle de Saint-Grégoire. Cet artiste ne manquait pas de génie, ses pensées avaient de la noblesse, et il possédait supérieurement l'intelligence du clair-obscur; mais il était peu au fait des travaux de la peinture à fresque, et ses tableaux dans ce genre ont été dégradés en peu de tems. Carle Vanloo, dont le pinceau enchanteur sait répandre de la grâce et de la noblesse sur tous les sujets qu'il traite, était bien capable de nous dédommager de la perte de ces peintures et de répondre à la confiance du ministre qui l'avait chargé de décorer de nouveau cette chapelle. On voit de lui différentes esquisses qu'il avait préparées à cet effet. Celles qu'il se proposait d'exécuter ont été exposées au Salon du Louvre en 1763. Ces esquisses, que l'impératrice de Russie a acquises pour servir d'étude à son Académie de peinture, ont été gravées par les plus habiles artistes français. Ces gravures forment une suite de sept estampes; elles nous rappellent bien agréablement des compositions qui auroient élevé Vanloo au niveau des plus grands maîtres de l'école française, si la mort ne l'eût pas surpris au milieu des études qu'il avait déjà faites pour ce grand ouvrage. Ces compositions méritent d'autant d'être recueillies, qu'elles sont absolument différentes de celles que M. Doyen, élève de son propre génie et de M. Vanloo, vient d'exécuter dans

[1] Cette intéressante description de l'un des ouvrages de Doyen les mieux conservés est-elle inédite? Je le pense, sans toutefois oser l'affirmer.

cette même chapelle. Il semble même que M. Doyen en choisissant des scènes qui n'avaient pas été traitées par Vanloo ait voulu éviter tout objet de comparaison avec un maître qu'il n'a jamais cessé d'aimer et d'estimer. Nous aurions pu rendre compte plus tôt de ces nouvelles peintures exposées aux yeux du public depuis le mois de juin dernier, mais nous avons voulu auparavant attendre le jugement des artistes et des amateurs éclairés, de ceux surtout qui sont instruits des travaux et des études nécessaires pour ces sortes d'ouvrages et des fatigues qui les accompagnent; leur jugement par cette raison ne peut être que très-favorable; ils applaudiront à cet enthousiasme du talent qui a élevé l'artiste au-dessus de petites idées du vulgaire des peintres et lui a fait concevoir son sujet en poëte dramatique.

La première scène ou le premier tableau nous représente saint Grégoire retiré sous la voûte d'un rocher près de la forêt de Viterbe, et tenant une tête de mort sur laquelle il méditait; une colombe plane dans l'air et indique la retraite du saint au clergé et aux principaux citoyens de la ville de Rome. Cette colombe forme ici un épisode d'autant plus heureux qu'elle peut être regardée comme un symbole du Saint-Esprit, qui avait inspiré au clergé et au peuple romain le dessein de choisir Grégoire pour remplir la chaire de saint Pierre. Le beau caractère de la tête du saint, sa surprise de se voir découvert et le mouvement expressif de son attitude, attirent les premiers regards du spectateur qui prend ensuite plaisir à détailler les plantes, les eaux, les arbres, les rochers et tous les accessoires dont l'artiste a enrichi ce lieu solitaire.

Le clergé de Rome fait une procession pour demander au Tout-Puissant la cessation de la peste qui affligeait la ville. Grégoire, à la tête de cette procession, adresse au ciel ses vœux qui sont exaucés. Déjà un ange de paix paraît au-dessus du môle d'Adrien, appelé depuis le mont Saint-Ange, et chasse devant lui ce fléau redoutable. C'est le sujet du deuxième tableau, qui produit l'effet le plus pathétique par le choix qu'a fait l'artiste de présenter sur le devant de la scène de tristes victimes de la peste et de placer la procession sur un plan plus éloigné. On applaudira M. Doyen d'avoir pris le parti qui lui donnait les moyens de déployer tous les ressorts de son art sur le commun des spectateurs, toujours plus frappés de ce qui peut causer leur destruction que de ce qui doit leur procurer la santé et chés qui le physique a toujours plus d'action que le moral. Quel effet d'ailleurs aurait pu produire une procession qui, étant nécessairement resserrée par la grande proportion des figures et par le site même du tableau qui est en hauteur, n'aurait pas répondu à la pompe et à la magnificence que pouvait s'en former le spectateur? Mais en mettant cette procession dans l'éloignement, il y avait une difficulté à surmonter; il fallait éviter de faire voir le tableau de face, à cause du peu d'intérêt que sa figure, vue dans l'éloignement, aurait produit, surtout après la scène effrayante qui se passe sur le devant du tableau; et c'est ce que l'artiste a sagement fait en donnant à cette figure un mouvement composé qui cache la tête du saint et laisse, par un trait de génie, à l'imagination du spectateur, le soin de représenter quelle pouvait être alors la situation de ce pontife tendre et compatissant aux maux de ses frères.

L'historien de la vie de saint Grégoire nous le représente, lors du siége de Rome en 595 par Agilulphe, roi des Lombards, affrontant les plus grands dangers pour porter du secours aux assiégés blessés. On voit dans ce troisième tableau le saint Pontife occupé à panser la blessure mortelle d'un officier général. Cet officier a la tête penchée vers son épouse tombée évanouie à ses côtés. Cette vue le pénètre; ce n'est plus la vie qu'il regrette, mais une épouse fidelle et si sensible. Le spectateur partage cette situation, que l'artiste a rendue présente par l'art avec lequel il a sçu animer sa composition, et exprimer sur le visage de l'officier et dans toute son attitude le plus tendre sentiment de l'amour conjugal. Grégoire, qui panse la plaie de l'officier au milieu du tumulte des armes et du feu de la place, annonce par un air serein et tranquille qui est sublime de confiance dans la protection du Très-Haut et de l'espérance où il est de la guérison de l'officier et du salut de la ville assiégée; cette ville est représentée dans le lointain; les formes variées des plans et des fortiffications semblent ajouter encore au mouvement répandu dans ce tableau, dont le devant ne pouvait être mieux rempli que par le bel exemple d'humanité, de générosité et de devoir même envers les défenseurs de la patrie, que nous offre saint Grégoire et qui nous rappelle avec tant d'intérêt la vertu bienfaisante qui a porté Louis quatorse à ériger l'hôtel royal des Invalides.

Le saint Pontife couronné de la thiare, paré de ses habits pontificaux et accompagné des cardinaux, est représenté dans le tableau suivant assis sur le trône pontifical. Il reçoit le tribut d'hommage et de reconnaissance de Récarède, roi des Goths d'Espagne, qui lui envoie un ambassadeur pour le remercier des soins paternels qu'il a pris pour convertir à la foi les peuples d'Espagne. On remarque à côté de l'ambassadeur un jeune page qui porte une cassette très-riche et que l'on peut supposer renfermer des pierres précieuses. L'artiste n'ayant pu dans cette composition fort simple répandre l'intérêt du mouvement et de l'action, a cherché à fixer l'œil du spectateur par le stile noble de l'architecture, le grand goût de la décoration, la pompe et la magnificence des habits pontificaux, la richesse et l'élégance de l'habit espagnol, et par une sage distribution de lumière et une intelligence de clair-obscur qui rendent en quelque sorte ce tableau un trophée d'ornemens et de couleurs.

Il est assés ordinaire aux hommes dans leur vieillesse de former des projets d'édifices et de constructions pour se distraire de la pensée qu'ils vont eux-mêmes bientôt finir. L'artiste aurait-il voulu nous faire faire cette réflexion en nous représentant dans le cinquième tableau, qui précède immédiatement celui de la mort de saint Grégoire, ce pontife occupé de la reconstruction de l'église de Saint-Pierre? Grégoire est au milieu des ouvriers. L'architecte répond aux objections que lui fait le Saint Père sur un plan que tient un des piqueurs qui par respect s'est mis à genoux; la scène est éclairée par un soleil couchant. C'est en effet le soir que l'on a coutume d'aller voir les travaux et de visiter les ouvriers. Les yeux du spectateur sont agréablement fixés par le pittoresque de la composition, l'harmonie des lignes de la perspective, le charme et la vigueur du coloris.

La mort de saint Grégoire est le sujet du sixième tableau. Le saint est exposé à la vue du peuple dans une chapelle de Saint-Pierre. Le corps du pontife, revêtu des habits pontificaux, est placé sur un lit de parade, mais le lit étant en vue en dessous, on n'apperçoit que les pieds du saint. Il semble que l'artiste ait voulu éviter de nous montrer le silence de la mort chés un homme qui pendant sa vie fut toujours en action. Le peuple, accoutumé à recevoir les plus douces consolations de Grégoire, vient encore implorer ses restes inanimés. Une mère lui présente son fils mourant. Sa vive confiance dans les vertus de cet ami de Dieu lui fait espérer la guérison qu'elle implore. Des anges annoncent au peuple que son espérance n'est pas vaine et que son bienfaiteur va prendre sa place au ciel, ce qui lie cette dernière scène avec celle qui est dans l'endroit le plus élevé de la coupole et représente l'apothéose de saint Grégoire.

Dans ce dernier tableau, que l'on nous permette cette comparaison, le saint, tel que la chrisalide, a quitté son enveloppe et s'élève dans la région céleste. Les anges qui l'accompagnent, arborent les uns les attributs de sa dignité, d'autres tiennent un rouleau où sont tracés des caractères de musique qui nous rappelle que Grégoire régla le chant de l'Église, appelé depuis chant grégorien, du nom de son auteur. Toutes les figures, tous les objets plafonnent avec succès et paroissent s'élever perpendiculairement. Le manteau, dont est couvert le personnage principal, est développé; il semble lui prêter des ailes, et il étend la masse d'une figure, qui dans cette ressource de l'art aurait pu lui paraître trop maigre.

On voit par la description que nous venons de donner des différentes scènes qui composent ce poème dramatique sur la vie de saint Grégoire que M. Doyen a envisagé son objet sous le point de vue du génie. Le spectateur qui aura lui-même quelques étincelles de ce génie qui a animé l'artiste, trouvera dans ces compositions des pensées fortes et sublimes, mais qui par leur grandeur et leur nouveauté pourront déplaire à quelques esprits froids et méthodiques. Tous les spectateurs applaudiront du moins à l'art avec lequel cet habile maitre a sçu surmonter les vices du local pour cadencer les groupes, varier les formes piramidales de ses tableaux et agrandir en quelque sorte le lieu de la scène, en offrant au spectateur des objets qui étendent la composition; ils loueront l'exacte vérité que l'artiste a mise dans les plans et le parti qu'il a pris en suivant l'exemple des plus grands artistes italiens de s'écarter du sistème adopté par Boulogne, Lafosse, Coypel, Vanloo qui n'ayant pas toujours eu égard à la place occupée par le spectateur, lui présentaient toujours des objets vus au-dessus, quoiqu'il ne pût le voir qu'en dessous.

Tous ces tableaux sont exécutés à l'huile. Les six premiers ont onze pieds de large sur seize de haut. Le plafond a soixante pieds de circonférence sur six pieds de flèche. Ces peintures vont être confiées à la gravure qui est le seul moyen de faire passer à la postérité la plus reculée le souvenir de nos monumens modernes. L'estampe, en effet, quoiqu'une matière bien tendre et bien débile, devient par la facilité qu'il y a de la multiplier et par le soin que l'on prend pour la conserver, victorieuse du bronse même et de l'airain.

C'est M. Parizeau, dessinateur exact et précis, et très-bon graveur, qui a été chargé de ces gravures qu'il doit exécuter sur les dessins qu'il en a faits d'après les tableaux originaux. Ces dessins ont été présentés par MM. Doyen et Parizeau au Roi étant à Choisi. Sa Majesté a bien voulu honorer de son approbation encourageante les compositions de M. Doyen et accepter la dédicace des gravures.

(Collection Mariette-Deloynes, à la Bibliothèque nationale, Cabinet des estampes, Supplément, t. IV, p. 589-609.)

PARIS. — TYPOGRAPHIE DE E. PLON, NOURRIT ET Cie, RUE GARANCIÈRE, 8.

www.ingramcontent.com/pod-product-compliance
Ingram Content Group UK Ltd.
Pitfield, Milton Keynes, MK11 3LW, UK
UKHW020217180726
13838UKWH00005B/2035

9 782329 325019